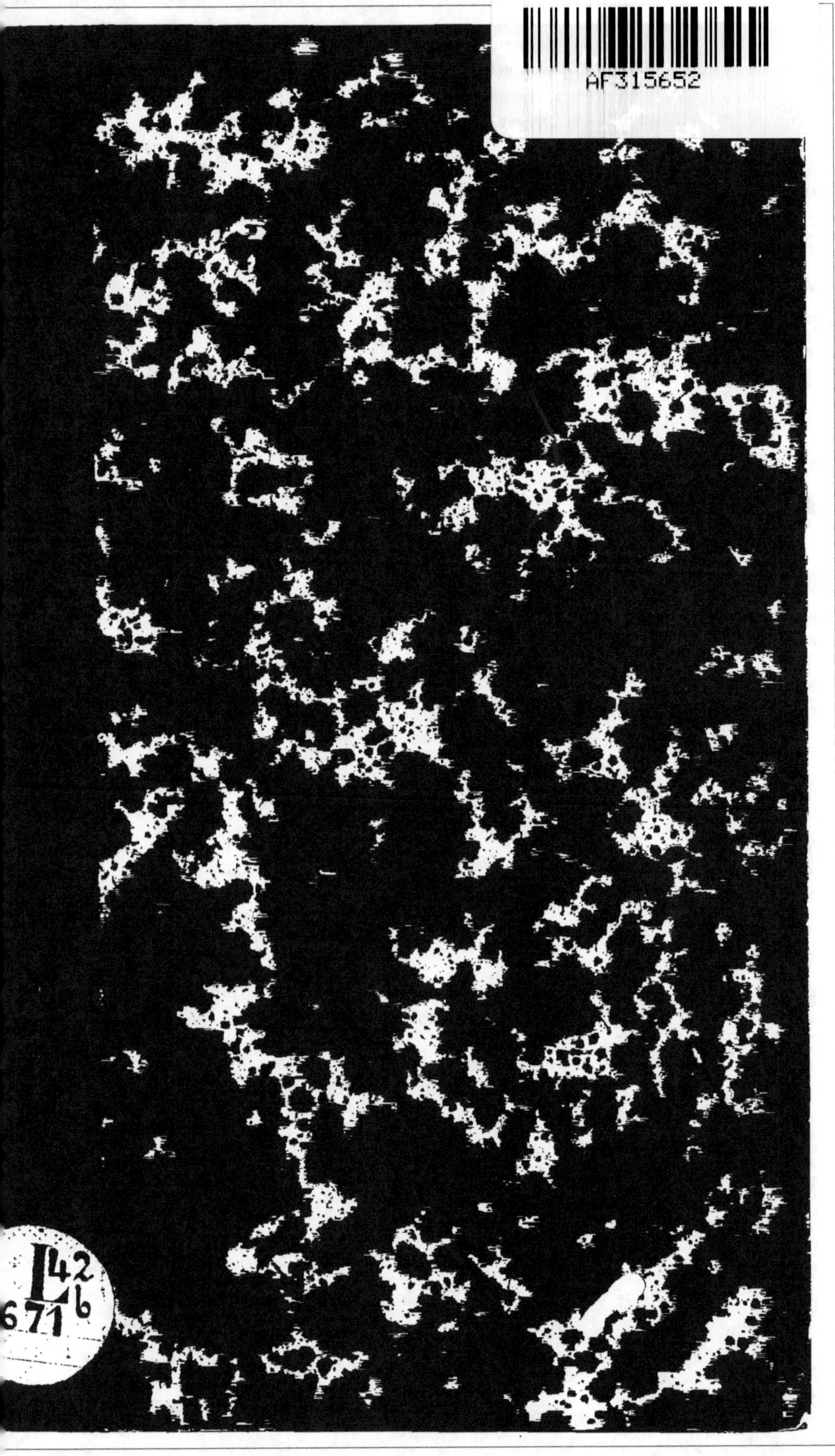

AU CORPS LÉGISLATIF.

CITOYENS REPRÉSENTANS,

Les actes arbitraires se multiplient dans le département de l'Escaut, et sur-tout dans la commune de Gand, et se succèdent les uns aux autres avec une rapidité effrayante.

Les circonstances malheureuses des troubles, qui ont désolé une partie de ce département, avaient nécessité des mesures énergiques ; mais on ne s'est pas borné à prendre pour ôtages quelques mauvais citoyens, notoirement connus par leur attachement pour l'ancien ordre des choses. La vengeance personnelle et le caractère haineux et implacable de quelques fonctionnaires, qui abusent du nom et de la confiance du gouvernement, y a accollé un bien plus grand nombre de citoyens, connus par leur paisibilité, leur soumission aux lois, et sur-tout par leur moralité, (qui doit être quelque chose dans un gouvernement libre). Ils avaient eu le malheur de déplaire personnellement au commissaire central Dubosch, et à trois ou quatre autres personnages, qui appuient ou secondent cet être malfaisant et vindicatif ; et tous ensemble ont surpris la religion du Directoire Exécutif, qui a cru sans doute, que l'arrestation prolongée de ces individus, dépeints comme dangereux pour la chose publique, eut pu écarter des assemblées primaires l'esprit qui a régné dans quelques-unes de l'an 5 ; mais à Gand la chose publique n'est autre que la chose du commissaire Dubosch, et c'est ce que le gouvernement a paru ignorer jusqu'à présent.

Il y avait un autre parti, qui gênait Dubosch et ses complices, et nous sentons parfaitement qu'il convenait aux intérêts de Dubosch de l'écarter des assemblées du peuple. Ce parti était tout simplement celui de l'immense majorité des républicains prononcés, et qui, les uns par l'acquisition de biens nationaux, d'autres par la perte d'une partie de leur fortune, tous enfin par des sacrifices quelconques, s'étaient montrés les amis de la liberté.

Et remarquez bien, Citoyens Représentans, que, s'il pouvait y avoir, parmi les citoyens de Gand, des anarchistes et des brouillons, ces Messieurs ne pourraient se trouver que dans les rangs du commissaire Dubosch, où l'on ne voit guère que des hommes, dont les uns sont trop *fameux*, et les autres, tombés, on ne sait comment, sur ce département, comme des insectes après un orage, nous sont tout-à-fait inconnus ; on sait seulement que plusieurs d'entr'eux, lorsqu'ils arrivèrent, étaient pauvres, et qu'ils sont riches à présent (1).

Après cette digression, nous revenons à Dubosch, qui était aussi très-pauvre, il y a quatre ans, et qui est aussi très-riche aujourd'hui. Cette remarque sur un fonctionnaire public, qui n'est en fonction que depuis une

---

(1) *Criminibus debent hortos, prœtoria, mensas.*
J u v é n.

époque si récente, découle si naturellement du sujet, qu'il a fallu vous la faire, Citoyens Représentans, et vous en apprécierez la moralité.

Nous vous prions de jeter un coup d'œil sur les pièces jointes au présent écrit ; vous y verrez la manière, dont on s'y est pris, pour écarter des assemblées primaires *les prétendus chefs de parti ;* vous y verrez aussi les titres que ceux-ci prétendent avoir à la confiance du gouvernement et à celle de leurs concitoyens ; vous y verrez, que tout ce qu'on y demande, c'est que le Directoire Exécutif veuille bien prendre des renseignemens sur la situation politique et morale du département de l'Escaut. Mais qu'il est à plaindre, le gouvernement, s'il prête l'oreille aux délations de quelques hommes haineux, intolérans, persécuteurs, dont la plus douce jouissance est de voir par-tout des royalistes, des anarchistes, des fanatiques, des conspirateurs ; nulle part des patriotes, des hommes honnêtes, paisibles, soumis aux lois !

A les en croire, la commune de Gand, sur soixante mille ames, ne contient que cinquante à soixante amis de la République, c'est-à-dire, qu'il n'y a à Gand d'amis de la République que les amis de Dubosch, c'est-à-dire, une partie de l'administration centrale et de ses employés ! !

Des raisonnemens pareils, dès que le gouvernement a eu le malheur d'y croire, justifient la mise en état de siége de la commune de Gand, de cette commune qui, pendant les derniers troubles, a opposé aux brigands un calme si imposant, un si grand courage et un si grand nombre de bras. Heureusement il n'a pas été nécessaire de mettre à l'épreuve ce généreux dévouement.

Les troubles avaient cessé. L'appareil militaire, et la terreur, qui en était la suite, allaient cesser aussi. Les habitans des campagnes revenus de leur égarement, devenus plus avisés par la terrible punition, que la révolte venait de leur attirer, n'eussent sans doute plus écouté les suggestions des ennemis du gouvernement ; mais Dubosch voulut tirer de ces malheureux événemens le parti convenable à ses intérêts. L'appareil militaire continua en conséquence, et comme de raison, les assemblées primaires furent à peu près désertes dans les campagnes.

Et quand nous disons *désertes*, remarquez bien, Citoyens Représentans, que nous ne voulons pas insinuer, que les anciens brigands dussent s'y rendre; non, aucun de ceux-ci n'est inscrit au registre civique, et il ne vient dans la très-grande majorité des assemblées primaires de l'Escaut, que des hommes liés à la République, ou par leurs principes, ou par leurs intérêts.

C'étaient donc les patriotes, qu'on écartait. A Gand, où leur nombre est plus grand, ils se rendirent aux assemblées, et le surlendedemain du 1er. germinal, plusieurs d'entre eux, étaient déjà incarcérés, comme *conspirateurs anglais*.

Leur unique tort était d'avoir eu pour eux, comme le dit la proclamation du Directoire Exécutif, la *raison* et le *nombre* ; aussi l'arrestation du 3 germin', eût-elle eu lieu dès le 1er. du mois, peut-être même dès le 30 ventôse;

si les *vrais conspirateurs* (car c'est bien là conspirer, que d'attenter à la souveraineté du peuple) avaient pu prévoir, que les vétérans de la révolution auraient osé se montrer dans les assemblées primaires de Gand.

Ils y sont allés, et n'en sont sortis, comme nous l'avons dit, que pour être jetés en prison.

Mais il est du caractère des Républicains de se roidir contre l'oppression. Rendus à la liberté, après avoir subi le plus humiliant interrogatoire, ils reparurent le lendemain aux assemblées-mères, où ils furent reçus aux acclamations du peuple, et plusieurs d'entr'eux nommés électeurs.

En vain l'arrêté de l'administration conspiratrice parle-t-il de *patriotes outragés, assommés, assassinés;* si des patriotes ont été assassinés, outragés, c'est nous. C'est contre nous qu'était dirigée, dans l'assemblée primaire du *Nord*, l'irruption d'une bande d'ouvriers non inscrits dans le registre, qui sur le refus légitime d'être admis à voter, tentèrent par violence, de pénétrer dans l'enceinte, dès l'instant, que les meneurs de la factieuse minorité virent que les bons citoyens avaient le dessus.

Cette fois-ci, nous en convenons, la *raison* seule n'eut pas suffi; il a fallu leur opposer le *nombre*, et repousser la violence par la force.

Mais, ne vous alarmez pas, Citoyens Représentans, le *sang républicain n'a pas coulé*, et la publicité, que nous donnons à l'arrêté calomniateur de l'administration centrale (arrêté, qui sûrement était destiné à rester secret) suffirait seul, pour couvrir de honte et d'opprobre nos imprudens accusateurs.

Cet arrêté parle aussi d'*hommes destitués par le Directoire*, sur lesquels paraissaient tomber de préférence les choix des assemblées-mères. Certainement si un pareil esprit d'opposition eut présidé à nos élections, nous ne serions pas exempts de reproches ; mais rien n'est aussi faux. Le bon et paisible peuple sent trop le besoin de la paix et la nécessité de prévenir tout déchirement, pour se laisser guider par des considérations de ce genre. Il est bien vrai, que quelques hommes *destitués par le Directoire*, quelques autres *élus en l'an cinq*, ont été de nouveau honorés des suffrages de leurs concitoyens ; mais outre que le nombre en est infiniment petit, pourrait-on faire des citoyens, qui se trouvent dans cette cathégorie, une classe isolée, incapables d'exercer leurs droits, comme l'étaient les *Ilotes* à Sparte ? . . . . Il n'est malheureusement que trop vrai : les bons citoyens du département de l'Escaut, sont regardés par quelques exclusifs comme une espèce d'*Ilotes*, mais ces exclusifs ne sont pas des *Spartiates*, et il y a loin d'*Agis* à *Dubosch.*

D'ailleurs, si des amis du gouvernement républicain ont été destitués dans le département de l'Escaut, ceux-ci savent très-bien, que c'est moins au Directoire Exécutif et à ses Ministres, qu'au commissaire Dubosch et aux siens, qu'il faut attribuer la plupart de ces destitutions.

Nous voici au moment, où plusieurs de ceux, que l'administration centrale avait fait incarcérer, n'en ont pas moins été élevés à la fonction honorable d'électeur.

Pendant cet intervalle, leurs ennemis, qui sont aussi ceux du gouvernement (car le gouvernement n'en a pas de plus dangereux que ceux qui le flattent et le trompent) réussirent à obtenir de la confiance du Directoire Exécutif des mandats d'amener, sous la date du 8 germinal, contre quatre citoyens de Gand, dont trois (les citoyens Contreras, Van Aelbrouck et Vandevelde) furent, dès l'instant de leur arrivée à Paris, colloqués au *Temple* comme prévenus de conspiration contre la *sûreté intérieure de la République.*

Le quatrième (le citoyen Vanwambeke, conservateur des hypothèques) venait d'être nommé électeur par une des assemblées mères de Gand.

Ce titre devait le rendre sacré ; aussi, avant d'attenter une deuxième fois à la liberté du citoyen Vanwambeke, voici la marche que l'on suivit.

Le commissaire Dubosch et le président du département l'appelèrent chez eux, lui déclarèrent, que le mandat d'amener par-devant le Directoire existait contre lui, affirmèrent cependant, qu'ils étaient autorisés à n'y donner aucune suite, pourvu que lui, de son côté, s'engageât à ne pas intervenir comme électeur dans la prochaine assemblée électorale.

Le citoyen Vanwambeke, qui voyait qu'il fallait opter entre ses devoirs et sa liberté, ne balança pas à faire ce que tout patriote courageux eut fait à sa place. — Et de suite le fatal mandat reçut son exécution.

Permettez, Citoyens Représentans, qu'en faveur d'un de vos *collègues désignés pour la session prochaine*, nous donnions quelques lignes à la douleur, et invoquions le témoignage des *hommes de bien*, quelles que puissent être, d'ailleurs, les nuances qui divisent quelquefois les opinions. S'il s'élève une seule voix contre sa moralité, ses principes, son attachement à la liberté et à la France, notre patrie adoptive, nous le condamnerons.

Plusieurs d'entre vous, Citoyens Représentans, l'ont connu lorsqu'ils étaient en mission dans les départemens réunis. La confiance de vos collègues Portiez, Pérès (de la Haute-Garonne) et Boutteville, l'a distingué vers cette époque. Un grand nombre d'autres sont liés avec lui d'estime et d'amitié; qu'ils parlent ! Croient-ils que leur ami, qui a employé toute sa fortune à l'acquisition de biens nationaux, celui dont la conduite républicaine ne s'est jamais démentie, croient-ils que cet homme soit *un conspirateur, un stipendié de Pitt, un ennemi du gouvernement ?*

Malgré cette arrestation, les électeurs restans nommés par les assemblées-mères du canton de Gand, n'en eurent pas moins le courage de se rendre dans le sein du corps électoral, si toutefois il y a du courage à remplir son devoir.

A peine entrés dans la salle, le prétendu président d'âge (un citoyen *Chompré, de Marseille*) refusa d'abord d'admettre leurs suffrages pour la formation du bureau définitif; et ensuite sur sa proposition, ils furent, par une violation manifeste de l'acte constitutionnel, exclus de l'assemblée, sans avoir pu se faire entendre, pour prouver leur admissibilité (*recours au procès-verbal*); on alla plus loin encore. Le citoyen Beyens ayant demandé tout simplement la parole à cet effet, sa réclamation fut insérée dans leur procès-verbal comme une insulte faite à ce citoyen *Chompré*.

Nouveaux attentats; les électeurs exclus se rendent à la *maison des Brasseurs*; la force militaire mal informée, se porte de suite sur le ci-devant couvent des Sœurs-Noires, qui est vis-à-vis de cette maison, et croyant y trouver les exclus, y fait une visite sévère. Le citoyen Vanderlinden, un des électeurs, qui se rendait à la maison des Brasseurs, est arrêté dans la rue, conduit dans cet ex-couvent et retenu pendant plus de deux heures en arrestation. Ces électeurs, guidés, moins par la crainte de la prison, que par le desir de trouver un asyle, où ils pussent paisiblement dévoiler les violences dont ils étaient victimes, constater l'illégalité de leur exclusion, et remplir leurs fonctions électorales, ont enfin trouvé le moyen de se réunir le 25 germinal, dans une maison dite *la Séance*, où ils ont consommé leurs élections. L'électeur Van Wambeke, détenu chez lui par des gendarmes, n'a pu assister aux séances.

Ils eurent à peine terminé leurs opérations, que par ordre du commissaire Dubosch, revenu de sa maison de plaisance le lendemain de la réception de la lettre qui lui annonçait leur réunion, le local, où ils avaient tenu leur assemblée, fut investi par la gendarmerie, et scrupuleusement visité.

En ce moment même, que les procès-ver-baux des deux assemblées sont sous vos yeux, Citoyens, Représentans, vous croyez qu'au moins la rage de nos oppresseurs s'est ajournée jusqu'à ce que le Corps Législatif aura pro-noncé? — Point du tout.

D'autres mandats d'amener viennent d'être lancés contre le président, le secrétaire et les trois scrutateurs de l'assemblée scissionnaire. Cette fois-ci ce n'est plus en leur qualité d'a-mis du gouvernement britannique, qu'ils ont été persécutés : on s'est accroché à d'autres motifs qui paraissent découler de la prétendue illégalité de leur réunion ; le résultat de ces mesures, provoquées par l'administration et le commissaire central, a été de la part du juge de paix, une mise en liberté provisoire, et un référé au Ministre de la Justice, motivé, à ce qu'il semble, sur ce qu'il lui paraissait douteux que les prévenus pussent être poursuivis cri-minellement, à moins que le Corps Législatif ne l'eût ordonné, conformément à l'article VIII de la loi du 25 fructidor an 3.

Mais en attendant votre décision sur les opé-rations des deux assemblées électorales du dé-partement de l'Escaut, nous avons tout lieu d'espérer que le Directoire, éclairé sur la vé-ritable situation de notre patrie, par les rensei-gnemens sûrs et *impartiaux* qu'il aura fait prendre, aura compris que le nombre des amis de la République y est plus considérable que ne le veulent faire accroire quelques hommes ambitieux que dévore la soif du pouvoir, qu'a-veugle l'esprit de vengeance, et qui, s'étant trop avancés, s'il nous est permis de nous exprimer de la sorte, dans leur coupable carrière, n'ont plus le courage de rebrousser chemin.

Et cependant, s'ils pouvaient revenir sur leurs pas, nous, républicains généreux par caractère, et naturellement ennemis de toute réaction, serions les premiers à leur pardonner.

Nous ne terminerons pas cet exposé, Citoyens Législateurs, sans vous dire avec franchise, que toutes les persécutions, qu'ont essuyées à Gand, depuis germinal dernier, un si grand nombre de citoyens, c'est leur opposition présumée, contre une prétendue liste de candidats, que le commissaire Dubosch disait avec une impudeur, qui compromettait d'une manière indigne le gouvernement, devoir être servilement suivie. Il se servait à ce sujet de termes beaucoup moins mesurés, que notre respect pour vous, Citoyens Représentans, et pour le Directoire Exécutif, nous empêche de consigner dans ce Mémoire. *Voyez les notes* (1).

Puisse la publicité, que nous avons le dangereux courage de lui donner, avoir, pour notre patrie, l'heureux résultat de voir concourir les deux premières autorités de la République à remédier, chacune en ce qui la concerne, au mal qui s'y est fait, et prévenir le mal qui pourrait s'y faire encore !

Nous espérons, comme un des moyens propres pour atteindre ce but salutaire, qu'après que la lecture approfondie de ces pièces, dont les originaux reposent dans les bureaux du Directoire Exécutif et des Ministres de l'Intérieur et de la Police, ainsi que celle du procès-verbal, dont vous avez ordonné l'impression, vous aura convaincus, qu'une oppression, qui n'a pas son exemple dans la République entière, a pesé sur la majorité des électeurs du département de l'Escaut ; que l'exclusion de la minorité, *sans qu'on ait voulu l'entendre*, est une atteinte à l'acte constitutionnel, qui frappe de nullité les opérations de cette majorité, et que l'illégalité la plus révoltante a vicié la scission des assemblées primaires du canton de Gand ; vous déclarerez : 1°. valables les opérations des trois assemblées primaires du canton de Gand, qui ont tenu leurs séances dans les ci-devant églises de St.-Jacques, de St.-Nicolas, et dans le temple de la Loi ; et annullerez celles des trois assemblées scissionnaires, qui ont eu lieu dans le même canton.

2°. Que vous déclarerez valables les opérations de la fraction de l'assemblée électorale du département de l'Escaut, qui a tenu ses séances en la maison dite *la Séance*, dehors la porte de Courtray, canton de Gand ; et déclarerez nulles et de nul effet celles de la fraction de l'assemblée électorale, qui a tenu ses séances en la salle de la ci-devant Sodalité, dans le même canton.

9 Floréal, an 7 de la République française, une et indivisible.

Salut et respect.

Signés C. J. APERS ; JACQ. VANDERLINDEN, huissier ; J. J. MAERTENS ; CH. L. VAN ACKERE ; J. J. JOURET ; MET de PENNINGEN ; J. F. VISPOEL, GEERAERTS, etc.

(1) N O T E S.

IL doit être assez curieux de connaître ces hommes privilégiés, que Dubosch avait résolu d'élever à la législature. Voyons. — D'abord le citoyen de Vinck–Thierry.......

De Vinck–Thierry ! Qui est-il ? D'où est-il ? D'où vient-il ? Que nous veut-il ? Que nous a-t-il fait ? Que nous fera-t-il ? Quels sont ses moyens ? Quels sont ses titres ?

On répond, que c'est un député du département du Nord, dont le terme expire. — C'est très-malheureux; mais après tout on ne voit pas la nécessité de réélire, dans le département de l'Escaut, un député de celui du Nord, dont le terme expire. Encore s'il y gérait des fonctions, qui le rendissent cher au peuple ! s'il y avait des propriétés !

On assure que le citoyen de Vinck–Thierry fut autrefois administrateur de la Flandre orientale. — Cela est possible; mais certainement on ne s'en souvenait plus.

Dubosch paraissait insinuer, qu'il craignait que l'assemblée électorale du Nord n'oubliât, cette année-ci, le citoyen de Vinck–Thierry. C'était pour cela, disait-il, qu'il fallait absolument le choisir à Gand. On n'en voyait pas la nécessité.

Du reste, c'était un acte marquant d'honnêteté, de la part du citoyen de Vinck–Thierry, de vouloir bien être député d'un département , où il était à peu près inconnu ; mais encore pouvait-on trouver quelque chose à redire à cette honnêteté , sans que l'opinion à cet égard pût être accusée de combinaison avec les manœuvres d'une flotte anglaise.

On lui avoue franchement , que cette dernière circonstance seule , a pu faire couler un peu d'aigreur dans cette note ; car au fond , on ne conteste au citoyen de Vinck-Thierry , ni sa moralité , ni son attachement à la République. Il est donc prié d'accueillir ces réflexions , avec la même indulgence , qu'il doit avoir eue , pour le barbarisme de tant d'électeurs campagnards , qui , peu contens d'estropier le nom d'un homme , qu'ils ne connaissaient pas , l'ont plus d'une fois mis sans-dessus-dessous.

Du reste de Vinck – Thierry ou Thierry-de Vinck , comme on voudra ;

. . . . « Car il n'importe guère ,
» Que de Vinck soit devant,ou de Vinck soit derrière ».

Ce qu'il importe , c'est que les autorités suprêmes soient informées des menées révoltantes de quelques hommes , qui abusent du pouvoir, qui leur estconfié.

Un autre candidat de Dubosch était le citoyen *Van Rossem , concierge en chef ,* ou , si l'on aime mieux , *directeur de la maison de force* à Gand. Certainement il a occupé ce poste délicat avec distinction ; mais il devait être permis de croire , qu'il faut , pour siéger au conseil des Anciens , d'autres talens , d'autres moyens , d'autres connaissances. Lors de notre arrestation du 5 germinal, nous avons été traités un peu durement dans cette maison de force ; le citoyen Van Rossem ne s'en souvient peut être plus ; mais nous , qui nous en souvenons très-bien , pardonnons très-cordialement à un vieillard , en faveur des services utiles, qu'il a rendus depuis nombre d'années dans ce poste important.

Un troisième candidat était ! *Jean Villiot*, (la plume tombe des mains !) ce même *Villiot,* qu'on a vu flétrir par un tribunal, pour avoir porté la main sur l'auteur de ses jours ! ! !..... A cela Villiot répond, que cette flétrissure a eu lieu sous l'ancien régime. Hommes vertueux , appréciez la valeur de cette réponse, et prononcez.

N'est-il pas vrai, que sans compromettre la chose, on pouvait se permettre quelques réflexions sur cette liste, présentée comme elle l'était , avant l'époque des élections ?

Nous avons résolu de rendre publiques les pièces suivantes. Elles serviront de renseignemens sur les moyens infâmes, que des hommes, indignes de la confiance du Directoire Exécutif, qu'ils trompent, ont mis en œuvre dans le département de l'Escaut, pour y perdre un grand nombre de bons citoyens, pour écarter des assemblées primaires la masse du peuple, et pour influencer par la terreur les élections de l'an 7. On connaît les déplorables résultats de ces actes arbitraires.

Il est bon que le Corps Législatif, qui va prononcer sur les élections, connaisse au moins la manière, dont l'intrigue s'y prend dans quelques départemens, pour rendre illusoires les sages dispositions de l'acte constitutionnel, les lois et les proclamations sur les élections, et pour assurer son triomphe sur la vraie liberté.

Signés B. Van Wambeke, C. J. Apers, J. J. Maertens, J. Beyens, J. F. Vispoel, Geeraerts, Jacq. Vanderlinden, Ch. Van Ackere, Met de Penningen, etc.

AU DIRECTOIRE

EXÉCUTIF

DE LA RÉPUBLIQUE FRANÇAISE.

Libera si dentur populo suffragia, quis tam
Perditus ut dubitet Senecam præferre Neroni?

JUVÉN.

Gand, 15 germinal an 7 de la Répub. française, une et indivisible.

CITOYENS DIRECTEURS,

De tous les actes inutilement arbitraires et oppressifs, qui désolent depuis trop long-temps le département de l'Escaut, les plus outrageans pour les nombreux Républicains qui l'habitent, sont ceux contre lesquels votre paternelle proclamation, dans les circonstances actuelles, et les lois constitutionnelles, semblaient devoir nous préserver. Nous les avons supportés avec le calme et la fierté dignes des principes sublimes qui nous inspirent. Mais nous manquerions essentiellement aux devoirs qui en découlent, si nous ne vous entretenions, Citoyens

Directeurs, de la déplorable situation de ce département. Quand le despotisme administratif s'y manifesta, ce fut une vertu pour nous de souffrir en silence et d'espérer que la sollicitude du gouvernement y mettrait un frein salutaire. Mais quand ce despotisme est à son comble, c'est une lâcheté que de n'en point référer à l'autorité suprême; et le citoyen probe et vertueux, ravalé à la condition du plus vil esclave, est digne de son sort, quand il se tait.

Nous avons vu avec douleur, que dans des feuilles publiques et dans des écrits particuliers, on a perfidement insinué, que dans les assemblées primaires du canton de Gand, les ennemis du gouvernement ont siégé dans la majorité, ses amis dans la minorité. C'est une odieuse calomnie.

Mais des assertions pareilles n'auraient pu paraître que ridicules ici, si elles n'y avaient été appuyées par des mesures, dont l'arbitraire est si frappant, que déjà elles ont acquis une espèce de *famosité*.

Ces événemens, Citoyens Directeurs, vous auront été présentés sous des couleurs hétérogènes; peut-être aussi ignorez-vous ce qui a eu lieu; car ceux, dont le devoir était d'éclairer votre religion, sont ou les auteurs du délit que nous vous dénonçons, ou leurs complices.

A peine les assemblées primaires de Gand s'étaient-elles réunies le 1ᵉʳ. germinal; à peine les hommes, que vous signalez dans vos proclamations, avaient-ils d'un coup d'œil, audacieux d'abord, ensuite plus timide, embrassé l'enceinte, où se trouvait toute la masse des citoyens, qui avaient pour eux la raison, la justice et le nombre ; à peine avaient-ils compté d'un côté, le peuple, de l'autre, une poignée de leurs partisans, que désespérant de maitriser en leur faveur les élections, ils eurent recours à un attentat qui n'a quelques traits de ressemblance qu'avec ces atrocités commises pendant le règne de la terreur.

On avait forgé une conspiration..... Heureusement nous vivons sous un gouvernement. Il y eut un temps où du cachot on eût marché à l'échafaud ; le soir même de cette prétendue conspiration, les victimes furent interrogées, reconnues innocentes, et rendues à la liberté. Mais n'anticipons pas sur les faits.

Les citoyens composant les assemblées primaires avaient à peine, pour la formation du bureau, honoré de leurs suffrages ceux de leurs concitoyens qu'ils en croyaient dignes, que ces hommes que nous venons de signaler, firent scission.

Cette scission eut fait rire : d'un côté l'immense majorité des patriotes, de l'autre une poignée de turbulens. Mais ces turbulens avaient pour eux la force, cette même force, Citoyens Directeurs, qu'ils tenaient de votre confiance.

C'est de cette force, que le lendemain matin, nos oppresseurs firent un cruel usage contre un grand nombre de bons citoyens, dignes de la confiance du peuple, et qui mériteraient aussi la vôtre, si vous les connaissiez.

On n'eût osé accuser ces citoyens de *royalisme*. Ils étaient connus par leur attachement aux principes républicains. Plusieurs d'entr'eux avaient été accusés de terrorisme.

dans ces temps malheureux, où cette déno-
mination était donnée aux patriotes les plus
humains, les plus probes, les plus modérés.

On n'eût osé les accuser d'*anarchie*. Les
exclusifs les avaient trop souvent abreuvés
de calomnies ; trop souvent les vrais anarchistes les avaient traités de *chouans*, de *royalistes ;* trop souvent plusieurs d'entr'eux avaient
été traités d'*esclaves*, *de gouvernementistes*,
parce qu'ils avaient défendu le gouvernement
constitutionnel de l'an 3, contre tous ses ad-
versaires.

On n'eût osé les accuser de *fanatisme reli-
gieux*. Aucun d'eux n'est partisan de la su-
perstition ni de la bigotterie sacerdotale. Ils
ont prouvé, dès la révolution belgique de 1789,
qu'ils n'étaient pas les esclaves des prêtres.

Il fallait des accusations d'un genre neuf,
et on s'en est servi d'une manière on ne peut
pas plus leste. On a dit tout simplement : tel
ou tel citoyen paraît plaire à la majorité du
peuple, et partant il nous déplait, et partant
il est stipendié *par le gouvernement anglais*.

A l'appui de ces raisonnemens, parurent
deux lettres, saisies à la poste, et placardées
avec profusion. Il suffit de les lire pour être
convaincu de leur fausseté ; personne là-dessus
n'élève le moindre doute à Gand ; qu'elles aient
été écrites, on n'en doute pas non plus ; qu'elles
aient été saisies, on en convient encore ; mais
le but de l'auteur ?..... Citoyens Directeurs !
interrogez la commune entière, elle vous ré-
pondra.

Et des lettres pareilles ont servi de bâse à
l'arrestation d'un grand nombre de citoyens !

des lettres anonymes ! Que n'a-t-elle aussi dé-
barqué cette flotte *de cent trente voiles*, dont,
selon l'arrêté du département, les mouvemens
se combinaient avec ceux de nos assemblées
primaires ? — Ce n'est pas nous, perfides administrateurs, c'est vous qui avez pu faire des
vœux impies pour que cette flotte opérât un
débarquement. Elle eût justifié en quelque sorte
votre tyrannie ; mais nous, comme tous les
autres bons citoyens, eussions combattu les
soldats du plus cruel de nos ennemis, de celui
que nous abhorrons plus encore que les abus
révoltans de votre gestion.

Pardon, Citoyens Directeurs : aigris par la
tyrannie déhontée de nos oppresseurs, nous
éprouvons le besoin de nous épancher dans
votre sein paternel. Pris au corps, sans forme,
sans aucun mandat, la nuit même jetés dans
des cachots infects, à la vue de tout un peuple,
et la plupart de nous venant ou étant prêts de
recevoir les suffrages de nos concitoyens dans
l'exercice de notre souveraineté, la plainte doit
nous être permise. Le peuple consterné se disait
dans son bon sens : si c'est-là la récompense de
ceux que nous connaissons pour amis des Français depuis 1789, qui presque tous ont employé toute leur fortune à acheter des biens
nationaux, qui tous furent les premiers à se
prononcer en faveur de la réunion, quel trai-
tement ne fera-t-on pas à ceux qui jusqu'ici
n'ont donné aucune garantie réelle de leur attachement pour le nouvel ordre de choses.

En effet, la plupart de ceux d'entre nous
qui ont exercé des fonctions publiques, avaient
été nommés par vos commissaires, les citoyens.

Pérés, Portiez et Bouteville. Il y avait en ce temps quelque courage à répondre à la confiance du gouvernement et de ses commissaires.

« O ! vous, si cet écrit parvenait entre vos mains, citoyens ; vous, qui les premiers avez introduit dans le département de la ci-devant Belgique les lois républicaines, qui exerciez aussi de *grands pouvoirs ;* mais qui par l'aménité de votre caractère, par votre franchise, par votre probité, et sur-tout par votre affection raisonnée pour vos nouveaux frères, avez fait bénir la réunion de notre patrie à la vôtre, et qui y jouissez encore de la considération et de l'estime que se concilient si facilement auprès de ce peuple loyal, des fonctionnaires probes, justes et désintéressés ; que diriez-vous, si, à la place de ces hommes courageux, que vous avez appris à connaître lors de votre mission, vous lisiez les noms d'un *Vander Heeren,* d'un *Malfeson,* d'un *Villiot,* et de tant d'autres, que leur conduite anti-civique, leurs discours royalistes, leur haine contre les Français désignaient vers cette époque si peu reculée, à l'animadversion publique ? Aucun de vous, dans le compte de votre gestion, a-t-il désigné à la reconnaissance nationale ces noms ? les connaîtriez-vous ?..... Alors ils nous maudissaient aussi ; mais ne jouissant d'aucune confiance, ils étaient réduits à lancer au hasard quelques traits calomniateurs et sur vous et sur nous ».

« Aujourd'hui revêtus d'emplois éminens que le Directoire, trompé sans doute, n'a cru conférer qu'à la probité, à la vertu, au mérite, au

républicanisme, ils sont puissans, ils sont forts ;
ils frappent, mais ils frappent sur vos amis ! »

Ils vous trompent, oh ! nous en sommes certains, ils vous trompent, Citoyens Directeurs ; et sur nous, et sur eux-mêmes, et sur la situation morale et politique du département de l'Escaut.

Ils vous ont cruellement trompés, sur les causes des malheureux troubles, auxquels ce département, si florissant naguères, a été en proie.

Les auteurs de ces troubles, ce sont eux-mêmes, eux et leurs complices ; certainement l'Angleterre et les prêtres, le royalisme et le fanatisme se sont emparés de ces mouvemens séditieux, et leur ont donné cette infernale direction, dont tant de patriotes ont été victimes.

Et nous aussi nous vouons à l'exécration le gouvernement anglais ; mais, nous le répétons devant tous nos concitoyens, à la face de l'univers, s'il le faut, son machiavélisme n'eut pas trouvé le moyen d'exciter seul la révolte parmi les habitans de nos campagnes, il n'eut pu faire extravaser le mécontentement, si des méchans n'eussent perfidement jeté le ferment au fond du vase.

Ils nous appellent les *stipendiés de Pitt*, nous ! c'est nous qui attisons le feu de la révolte ! c'est nous qui voulons de nouvelles séditions ! Lorsque Néron eut mis le feu à Rome, il alla jouir, dit-on, de la vue de l'incendie, et il accusa du crime les partisans d'une secte alors impuissante ; sans doute ils expièrent dans les tourmens ce crime imaginaire.

« Administrateurs du département de l'Escaut , jouissez de votre ouvrage , applaudissez-vous d'avoir quelques traits de ressemblance avec les *Néron* et les *Claude* ; l'un était cruel, l'autre stupide.

» Mais , nous l'espérons bien , ce ne sera pas en l'an 7 de la République française , que nous expierons des crimes qui sont les vôtres. Hommes stupides et cruels , ce trait manquera à la ressemblance ».

Nous ne savons si on vous l'a dit, Citoyens Directeurs , mais nous vous le dirons.

Il y eut un temps (mais ce temps n'est plus) où à la tête de nos départemens et dans les premières fonctions , il ne se trouvait que des hommes , qui chérissaient également et le sol qui les avait vu naître , et la nouvelle patrie que la bienfaisante loi du 9 vendémaire de l'an 4 nous a donnée.

Ces hommes-là tenaient à honneur d'être cités comme administrateurs probes et désin-téressés , comme commissaires énergiques à la vérité , mais humains , mais concilians. Alors l'Angleterre et les prêtres suscitaient aussi des troubles ; des écervelés (un *Charles de Lou-poigne* , un *Baron de Moorsele*) levèrent aussi l'étendard de la révolte. L'aurore avait éclairé ces attentats , le soleil couchant les a vu réprimer ; le peuple alors , docile à la voix de vos commissaires , qu'il aimait , se laissait si facilement convaincre, que la paix et l'amour des lois étaient un besoin pour lui.....

Pourquoi et depuis quand les temps ont-ils changé ?

Depuis quand ?.... Consultez vos vérita-

bles amis , Citoyens Directeurs, et ils vous ré-
pondront. *Pourquoi ?* ... Faites-vous rendre
compte de la gestion de vos commissaires et
des administrateurs (mais non par eux) et
vous commencerez à entrevoir les véritables
causes des troubles.

Là où les hommes qui ont votre confiance,
gèrent avec une probité et une énergie vrai-
ment *républicaine* (et ce mot dit tant !) ils
ont aussi la confiance des bons et paisibles
citoyens. Tel était dans un département limi-
trophe (celui de la Lys) le citoyen *Baret* ; tel
y est encore votre commissaire actuel ; l'un et
l'autre , nés français.

C'est-là , Citoyens Directeurs , que vous
verrez les élections de cette année , sans opposition , sans secousses , garantir à la liberté
des défenseurs , à la constitution de l'an 5 des
amis , au gouvernement des soutiens éclairés.

Tel fut l'esprit qui rédigea vos proclamations;
tel fut , nous en attestons l'éternelle vérité ,
celui qui dicta les votes de la commune de
Gand , dans les assemblées primaires de l'an 7.

En vain l'administration centrale , dans son
arrêté calomniateur (nous en joignons copie
à la présente pétition) appelle-t-elle ces assemblées des *Comités Anglais* , composés de
factieux, de *stipendiés de Pitt.....* « Hommes
haineux, rongés de fiel et d'ambition , qui êtes
membres de cette administration , si quelque
pudeur vous reste, si vos ames sont suscepti-
bles de remords , si vos cœurs endurcis ne sont
pas encore entièrement fermés au repentir ,
nous oserons interroger votre physionomie ;
nous vous fixerons : parlez , répondez-nous ».

« Quelle barbare jouissance pour les premiers fonctionnaires d'un département, de désigner la majorité de leurs administrés comme des hommes vendus à nos plus cruels ennemis, et de provoquer par leurs délations aussi multipliées qu'incohérentes, absurdes et invraisemblables, des mesures d'une rigueur excessive contre une commune, qui s'est toujours distinguée par sa paisibilité et son respect pour les lois ! »

Ne les croyez pas, Citoyens Directeurs, l'immense majorité de la commune de Gand est amie du gouvernement républicain. Si tous ne le sont pas par principes, tous le sont par leur intérêt bien entendu.

Qui pourrait souhaiter le renversement de l'ordre actuel des choses ? qui ne frémirait, s'il croyait à la possibilité d'un débarquement anglais ? N'avons-nous donc plus à perdre une femme, des enfans, une famille, des amis que nous chérissons ? N'avons-nous donc plus une patrie, que nous aimons ; une fortune et des propriétés, qui sont le fruit de nos travaux et de notre industrie ? Pourrions-nous desirer les horreurs de la guerre, les massacres, les incendies ! .... Ceux-là seuls peuvent souhaiter un débarquement, qui amènerait tous ces fléaux à la fois, ceux-là, disons-nous, qui le feraient servir à assouvir leurs haines et leurs vengeances.

Ah ! si tous les ci-devant Belges ne sont pas encore également pénétrés d'attachement pour le gouvernement et la constitution, n'en accusons ni leurs principes, ni leurs cœurs ; accusons les circonstances, accusons quelques hommes. Les formes qu'ils emploient, sont si peu propres à faire sentir qu'un gouvernement libre est préférable à tout autre ! Ces formes étaient celles des Autrichiens ; ils ont leur rudesse et leur morgue ; il ne leur manque que le bâton.

En parcourant cet écrit, nous voyons, qu'après avoir commencé par parler de nous, le sentiment l'a emporté ; nous avons fini par ne vous parler que du peuple, et nous avons parlé d'abondance ; de là le désordre de nos douloureux épanchemens.

Que votre intégrité, Citoyens Directeurs, vous préserve d'y apercevoir l'ombre même de la récrimination ; toute naturelle qu'elle soit à des citoyens irréprochables et qui, jouissant de l'estime publique qu'ils méritent, sont néanmoins en butte à toutes les diffamations, et traités comme des criminels.

Nous faisons, au contraire, à l'intérêt général et à la chose publique, le sacrifice de nos ressentimens particuliers. Mais, que nous serions heureux si le résultat de cette pétition pouvait être de vous avoir convaincus de l'urgente et indispensable nécessité de prendre des renseignemens sur la situation du département de l'Escaut, sur les actes tyranniquement arbitraires qu'y exercent quelques fonctionnaires, sur la profonde immoralité des moyens qu'ils emploient, pour faire planer sans cesse les plus odieux soupçons sur la conduite et les opinions des meilleurs citoyens !

Nommez à la place de quelques hommes tarés dans l'opinion, des républicains probes, éclairés et sagement énergiques ; le gouvernement sera béni, et la plus heureuse révolution s'opérera sur l'esprit public, sans secousse et sans réaction.

Agréez, Citoyens Directeurs, nos vœux pour la prospérité de la France, et notre salut républicain.

Signés C. J. Apers, C. Apers, Van Wambeke, J. Beyens, Schellinck, Vanderlinden Cannoodt, Van Daele J. Vandenberghe, etc.

LIBERTÉ.   *ÉGALITÉ.*

ADMINISTRATION

DU DÉPARTEMENT DE L'ESCAUT.

Extrait du Registre aux Arrêtés du Département de l'Escaut.

L'Administration du département de l'Escaut, vu les lettres adressées au commissaire du Directoire Exécutif près d'elle, par les commissaires du Directoire Exécutif près les tribunaux civils et criminels de ce département, le tribunal correctionnel de l'arrondissement de Gand, l'administration municipale de ce canton et le chef du 51e. escadron de gendarmerie nationale, desquelles il résulte que la tranquillité publique est violemment menacée dans le chef-lieu de ce département, par suite des complots tramés par les agens du gouvernement anglais ;

Vu la lettre, datée de Gand le 9 février 1799, adressée à M. Smit à Hambourg, saisie à la poste aux lettres de Gand, par le commissaire du Directoire près l'administration de ce canton ; de laquelle il résulte évidemment que le gouvernement anglais redouble d'efforts pour organiser une nouvelle révolte, et compte, pour y parvenir, sur les ennemis du gouvernement, qui ambitionnent les fonctions publiques ;

Vu la lettre, interceptée au bureau de la poste aux lettres de Termonde, par le commissaire du Directoire Exécutif près de ce canton, datée du 10 février 1799, adressée au nommé Van Langenhove, ci-devant secrétaire de l'administration municipale du canton de Termonde, de laquelle il conste que le ministre anglais entretient dans ce département des intelligences actives parmi les royalistes et les anarchistes ;

Considérant que les Ministres de l'Intérieur et de la Police générale, instruits des trames ourdies par le gouvernement anglais, ont recommandé, tant à cette administration, qu'au commissaire exécutif près d'elle, de rechercher et faire arrêter les auteurs et fauteurs de ce plan de contre-révolution ;

Considérant que le Ministre de la Police générale a prévenu le commissaire du Directoire Exécutif près cette administration, qu'il est instruit, que des agens du gouvernement anglais parcourent ce département, pour influencer les élections, et lui a prescrit d'en faire la recherche et d'en ordonner l'arrestation ;

Considérant que les généraux Cervoni, commandant les neuf départemens réunis, Beguinot, commandant la 24me. division, Osten, général de brigade, employé dans la Zélande, ont annoncé à cette administration, qu'ils sont instruits, tant par le gouvernement, que par des renseignemens particuliers, que les Anglais méditent une descente sur la côte de Blanckenberghe, et, cherchent à exciter un mouvement séditieux, pour seconder leurs opérations militaires ;

Considérant que le général Beguinot a annoncé à cette administration, que cent trente voiles anglaises croisent sur la côte de Blanckenberghe et Ostende ;

Considérant que les troubles, qui viennent d'éclater dans les cantons de Grammont, Ninove, Nederboulaëre, Sleydinghe et Waerschoot, et qui ont été comprimés par le zèle des bons citoyens et l'activité des défenseurs de la patrie, sont des preuves évidentes que l'or de l'Angleterre circule, pour organiser une nouvelle rébellion ;

Considérant que, dans l'assemblée primaire réunie à la ci-devant église de St.-Jacques, le sang des républicains a été versé, que des patriotes ont été maltraités et assommés, tellement que tous ceux des membres de cette assemblée, qui sont attachés au gouvernement républicain, n'ont plus trouvé d'autres moyens de conserver la vie, que de se séparer des brigands soudoyés par l'Angleterre ;

Considérant que, dans l'assemblée primaire réunie au temple de la loi, les amis de la République ont été obligés de se retirer dans un autre local, attendu que toutes les lois étaient impudemment violées, que les choix étaient dirigés par la faction conspiratrice, qui a commandé ceux de l'an 5 ; par des hommes destitués par le Directoire, pour avoir protesté contre un acte émané de lui, et pour cause d'incivisme ; par des hommes connus pour avoir persécuté les patriotes et favorisé les émigrés, et pour avoir été les chefs des introducteurs à main armée des marchandises anglaises sur le territoire de la république ;

Considérant que, dans l'assemblée primaire réunie dans la ci-devant église de St.-Nicolas, les factieux ont jusqu'à ce moment entravé les opérations des amis de la République ; qu'on y a continuellement violé les lois et couvert d'invectives le gouvernement ; que le nommé Vanderlinden Cannoodt a osé déclarer au chef du 31me. escadron de gendarmerie nationale(1), qu'on n'a plus besoin de Français, que lui et tous ses amis sont bons Flamands ;

Considérant qu'il résulte de ces faits, des événemens qui les ont précédés, et du rapprochement de la correspondance anglaise interceptée, avec la conduite des factieux de ces assemblées, qu'*elles ne peuvent plus être considérées comme des assemblées primaires, mais des comités vendus à l'Angleterre*, attendant une descente des ennemis, pour se constituer en état de révolte ;

Considérant que si la constitution ne permet pas de dissoudre ces *comités*, qui se sont réunis à l'époque fixée pour l'ouverture des assemblées

---

(1) *Target*, autrefois commandant l'armée révolutionnaire dans le département du Nord.

primaires et qui en prennent le nom, il n'est pas moins du devoir le plus impérieux de cette administration, de prévenir une révolte dont les suites sont incalculables, le massacre des autorités républicaines et de tous les amis de la constitution de l'an 5;

Considérant que la commune de Gand, étant en état de siége, l'exercice de la haute police appartient aux autorités militaires;

Le commissaire du Directoire Exécutif entendu,

L'administration arrête :

Art. Ier. Le commandant du département est invité à prendre toutes les mesures nécessaires, pour qu'au moindre mouvement, les troupes puissent se porter rapidement sur les points où les rebelles se réuniraient, et les *anéantir.*

II. Il est invité à faire amener devant lui et faire interroger, en présence du président de l'administration du canton de Gand, du citoyen de Brabandere, membre de l'administration de ce canton, et du commissaire du Directoire Exécutif près d'elle, les nommés Beyens, ex-accusateur public; Vanderlinden Cannoodt; Vanderlinden, huissier; Apers, juge; Le Begue, homme de loi; Jacques Wyngaer, ex-sergent de police; Vandaele; Schellinck; Lievin Tanghe, et Scharmur, et à prendre contre ces *chefs des factieux*, et notamment contre le nommé Le Begue, violemment prévenu d'émigration, les mesures de prudence, que la sûreté publique exige.

III. Le commandant de ce département est invité à faire part à cette administration du résultat des interrogatoires des individus ci-dessus nommés, et de l'examen de leurs papiers.

Fait en séance le 2 germinal an 7 de la République. Etaient signés *Graham*, président; *Vanderheeren*, *Malfeson*, *Villiot*, administrateurs; *Dubosch*, commissaire du Directoire Exécutif; et *Gréban*, secrétaire en chef.

Gand, le 2 germinal an 7.

Le commissaire du Directoire Exécutif près l'administration centrale du département de l'Escaut,

Au commandant général du département.

Je vous fais passer, citoyen commandant, un expédition de l'arrêté de cette administration, pris dans sa séance extraordinaire de ce soir. Le *salut public* exige que les hommes qui y sont désignés, soient arrêtés sur-le-champ, que les scellés soient mis sur leurs papiers, et qu'ils soient interrogés, comme le porte l'arrêté, par vous même, en présence du commissaire de la municipalité et du commissaire du Directoire Exécutif près ce canton.

Demain on vous remettra *les pièces sur lesquelles il faudra les interroger.*

Salut et fraternité.

Signé DUBOSCH.

(Nous condamnons aussi à l'impression, les deux fameuses lettres sur lesquelles est fondé l'arrêté de l'administration centrale.)

Copie d'une lettre anonyme, *datée de Gand, le 9 février 1799 , adressée à monsieur* Smit *, à Hambourg, poste restante, signée J. A.; saisie à la poste aux lettres de Gand, par le commissaire près la municipalité de cette commune , le 25 pluviôse an 7.*

Gand , ce 9 février 1799.

M ONSIEUR,

J'AI reçu votre lettre de change que vous m'avez envoyée, et le montant en a été employé selon votre instruction. Il est malheureux que notre dernière entreprise n'a pas réussi.; ce n'est pas ma faute ; vous connaissez ce que j'ai fait pour faire triompher la *bonne cause ;* j'ai lieu d'espérer que ma nouvelle mission obtiendra un meilleur succès. Tout est préparé, les hommes *qui passent ici pour terroristes,* nous serviront à merveille ; n'ayant pas plus à espérer que nous, de l'ordre actuel des choses, ils sont prêts à nous seconder. Je suis charmé que vous ayez approuvé le pamphlet, il a fait son effet ; mais avec tout cela , il faut de l'argent, sans cela je ne puis rien. J'ai mis dans mes intérêts , des *prêtres détenus* ici; quoique en prison, ils font beaucoup de bien, mais il leur faut de l'argent. J'ai beaucoup d'émissaires au plat-pays, ils travaillent bien, et je ne désespère pas réorganiser le mouvement. Nos prisonniers n'ont rien à craindre, on n'a rien trouvé ; leur arrestation a fait beaucoup de mécontens, il faut profiter de tout. Il y a ici un parti de *modérés* qui voudraient des places ; je me suis emparé des plus marquans, ils serviront notre cause. J'ai pris votre adresse de Londres ; d'autres lettres plus amples vous seront envoyées par Anist.

Votre dévoué. Signé *J. A.*

Pour copie conforme à l'original envoyé au ministre de la Police générale, le 28 *pluviôse an* 7.

Le commissaire du Directoire Exécutif près le département de l'Escaut,   D U B O S C H.

L'administration centrale du département de l'Escaut certifie que la copie de la lettre ci-dessus est conforme à l'original envoyé par le commissaire du Directoire Exécutif près d'elle au Ministre de la Police générale.

Gand, le 9 ventôse an 7 de la République.

Etaient signés Graham, *président ;* Villiot, Malfeson, *administrateurs*, et Gréban *secrétaire-général.*

Copie d'une lettre interceptée au bureau de la poste aux lettres de Termonde par le commissaire du Directoire Exécutif près de ce canton, datée au citoyen . . . ., *à Termonde, sous le couvert du citoyen* . . . ., *négociant dans la même commune.*

Le 10 février 1799.

J'ai enfin reçu de nouvelles certaines de l'autre côté, elles sont du 5 janvier ; *l'ami* m'assure que le *grand homme* est extrêmement fâché qu'on a si mal soutenu tandis qu'on était si fort ; il dit que c'est la faute du . . . .,

et que si l'on aurait commencé à G. B. Anv.,
nous aurions mieux fait qu'à la campagne ;
vous vous souvenez que je lui dit aussi alors ;
et vous savez pourquoi, c'était impossible de
manquer, mais c'est fini pour *cette fois*, il y a
déjà des liards, mais pas assez, et ce n'est encore
que du papier, les deux étant toujours à . . . . .
sans que nous pourrions deviner quant cette
maudite affaire finira ; j'en suis encore plus
fâché parce que le temps des élections approche
et qu'il en faut tout de suite, car il y aura à
courir, cependant nous pouvons être tranquille,
l'ami m'écrit que *cela* ne manquera pas, il
faudra que vous travailliez bien chez vous.
Les . . . . sont déjà occupés à . . . . . , ...
les a vus là il y a quelque temps, il aura soin
du pays . . . . ne demandez rien à . , ...
à . . . . ; . . . . .est de concert avec lui,
il fera ce qu'il faut, et quand il sera temps
vous recevrez la liste tout à la fois ; si . . . .
vient chez vous parler politiquement, car quoique . . . . et qu'il est blanc en dehors
comme les autres, il pourrait bien être un peu
pouri, car il a besoin des . . . . je ne vous dis
plus rien pour à présent sur cela, je pense que
nous aurons le dessus, mais en tout cas, nous
avons une autre flèche à notre arc.

L'ami m'écrit que le *grand homme* l'a as-
suré qu'on ferait bientôt une nouvelle entrée
par la côte de B., et qu'on porterait toutes les
arm. et muni. nécessaires pour plus de 20,000.
Prévenez de cela les . . . . qui doivent être
dans les environs de . . . . ou de . . . .
vous ne serez pas comme je crois, obligé cette
fois de revenir tout seul d . . . . et de vous
promener de bon matin pour montrer que vous

n'avez pas été absent, mais ayez bien soin ;
qu'on ne bouge pas avant qu'il est temps ,
quand *ils* auront pris poste, c'est alors seulement et tout de suite, qu'il faut y courir par
petite bande , nous trouverons tout ce qu'il
faut , et au retour ça ira comme une boule de
neige et les J. F. en auront, j'attendrai de
vos nouvelles pour mercredi, brûlez comme
de coutume. Je vous embrasse. *Signé* B. B.

Sur la première enveloppe était : *au citoyen* . . . . , *négt.*, *à* . . . . Timbré
de Gand, N°. 92.

La seconde adresse portait : *au citoyen*
. . . . *à* . . . . . .

*Pour copie conforme à l'original envoyé
au Ministre de la Police générale de la
République , le 9 ventôse an 7 de la République , par le soussigné commissaire du
Directoire Exécutif près le département de
l'Escaut.* DUBOSCH.

L'Administration centrale du département
de l'Escaut certifie que la copie de la lettre
ci-dessus est conforme à l'original envoyé par
le Commissaire du Directoire Exécutif près
d'elle, au Ministre de la Police générale.

Gand, le 9 ventôse, an 7 de la République.

Étaient signés *Graham*, président; *Villiot*,
Malfeson, administrateurs ; et *Gréban*, secrétaire général.

B. *Van Wambeke à ses concitoyens de Gand
et du département de l'Escaut.*

L'Administration centrale de ce département
a fait afficher en cette commune trois lettres,
prétenduement écrites par des agens du gou-

vernement britannique , et interceptées par
la police : dans l'une se trouvent les lettres
initiales de mon nom , et le petit nombre de
mes ennemis met tout en œuvre pour faire
accroire aux hommes crédules, que je suis ou
volontairement ou involontairement impliqué
dans une conspiration contre le gouvernement
républicain...... J'ignore quel effet ont pu
faire ces lettres , aussi incohérentes , que peu
probables sur l'esprit des hommes raisonnables;
quant à moi , dès qu'elles m'ont été commu-
niquées , je n'ai été que faiblement surpris de
leur odieux contenu, en ce qui me concerne;
je savais, (chose très-remarquable) je savais
depuis deux mois, que je devais être arrêté
à l'époque des assemblées primaires, j'en ai
même prévenu dans le temps le Directeur
Merlin , et le représentant du peuple *De
Vinck Thierry* , si toutefois mes lettres sont
parvenues à leurs adresses ; eh ! d'où ce bruit
sourd a-t-il pu provenir, si ce n'est des ma-
chinateurs desdites lettres ? et quel a pu être
le but de cette imposture ? si ce n'est le desir
de m'aliéner l'estime publique, que je n'ai
jamais mendiée. Au reste , *j'oppose ma vie
publique et privée à celle de mes ennemis;*
elle doit suffire à tous ceux qui me connaissent
depuis douze ans, que j'habite cette commune,
pour me rendre la justice qui m'est due, et pour
me consoler des calomnies multipliées, dont
depuis un an n'ont cessé de m'abreuver quelques
royalistes déhontés , qui, patriotes de six se-
maines, veulent être en ce moment *les hommes
par excellence, les seuls amis du gouvernement.*

B. Van Wambrûque

De l'Imprimerie de l'Arax, rue Neuve-des-Petits-Champs.

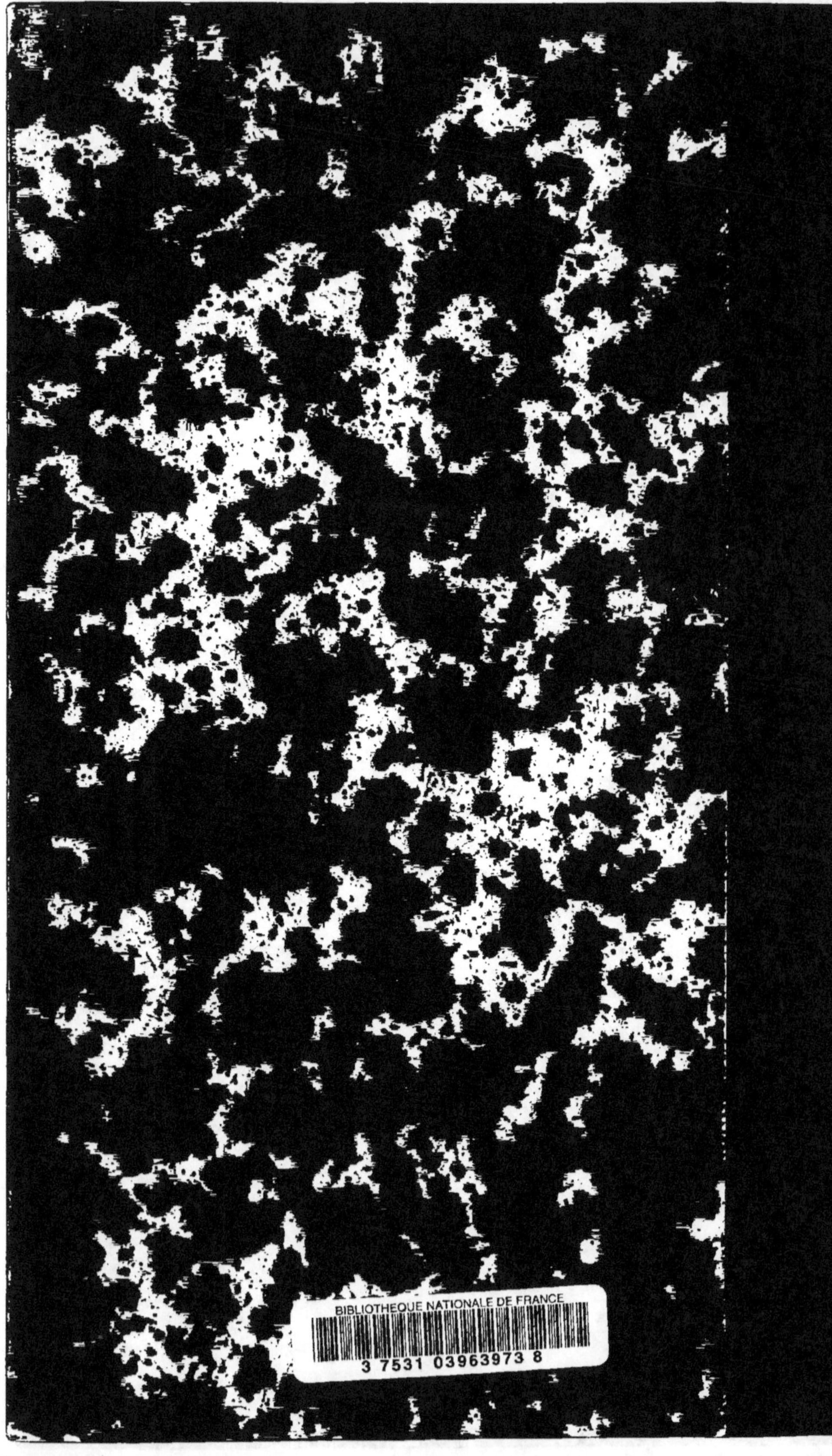